Weihnachts-Haggadah

Lese- und Liederbuch für die Weihnachtszeit

Texte von
Henning Schroedter-Albers,
kommentiert von Michael Wolffsohn,
mit Musik von Monika Drasch und Martin Danes
sowie Illustrationen von Markus Lefrançois

Verlag Sankt Michaelsbund

Inhalt

Liebe Leserin, lieber Leser!

Die schon Mitte September in den Supermarktregalen angebotenen Lebkuchen und Schoko-Nikoläuse sind seit vielen Jahren beliebte Beispiele für den Verfall der gesellschaftlichen Bedeutung von Advents- und Weihnachtszeit. Die traditionellen christlichen Inhalte der Vorbereitung und Feier von Jesu Geburt treten hinter die Prime Time des Jahresumsatzes zurück.

Jahr für Jahr wird darüber hinweggesehen. Leidenschaftslos wird ein zunehmender Bedeutungsverlust von Weihnachten in Kauf genommen. Vor diesem Hintergrund stellt sich dringend die Frage, wie die Inhalte christlicher Feste wieder vermehrt ins freudige Bewusstsein gebracht werden können.

In der jüdischen Tradition gibt es im Rahmen des Pessach-Festes die literarische Erzählform der Haggadah: ein Lese- und Liederbuch, das den Sinn- und Symbolgehalt des Festes für den Gebrauch im Kreis der Familie unmittelbar erfahrbar macht. Auch im christlichen Jahresfestkreis kennen wir den Einsatz von Fibeln zur Vorbereitung auf große Feste, die im familiären Alltag der Gegenwart allerdings faktisch verschwunden sind – und mit ihnen der Bezug zu Leben und Wirken der Figur Christi.

Auch wenn religionsgeschichtlich gesehen die Deutung der Person Jesu ein wesentliches diskursives Moment der sich entwickelnden jüdischen und christlichen Religion darstellt, sind wir, Juden und Christen in der religiös pluralen Gesellschaft von heute, mehr denn je vor die Aufgabe gestellt, uns vor allem in krisengeprägten Zeiten für ein gelingendes Miteinander im Sinne einer großen Familie einzusetzen.

Aus diesem Grund ist Weihnachten als Fest der Familie und der Nächstenliebe ein idealer Zeitpunkt sowohl dafür, sich den originär christlichen Bedeutungsgehalt neu zu vergegenwärtigen, als auch dafür, im Sinne der interreligiösen Familiarität verbindende Elemente aufzugreifen.

Mit der vorliegenden *Weihnachts-Haggadah* wollen wir ein kleines Beispiel geben, wie jüdische und christliche Tradition in einer literarischen Form Hand in Hand gehen können. Für die vertrauensvolle Zusammenarbeit danken wir Henning Schroedter-Albers und Prof. Dr. Michael Wolffsohn, Monika Drasch und Martin Danes für die Musik sowie Markus Lefrançois für die Illustrationen.

Wir wünschen viel Freude beim gemeinsamen Feiern und ein frohes und gesegnetes Weihnachtsfest!

Ihre

Claudia Maria Pecher und Maximilian Mihatsch

Landesfachstelle für Büchereien und Bildung im Sankt Michaelsbund

Als Vorbild die Pessach Haggadah

Die *Pessach Haggadah* (Hebräisch Haggadah = Erzähltes, Mär) spielt seit vielen Jahrhunderten in der jüdischen Feiertagstradition eine herausragende Rolle, indem sie nicht nur durch Texte und Lieder dem abendlichen Festmahl am ersten Pessachfeiertag des einwöchigen Festes ein inhaltliches Gewicht mit Anregungen zur Reflexion gibt, sondern indem sie auch durch eine festgelegte Ordnung dem Festmahlverlauf einen rituellen Rahmen gibt: Die symbolträchtigen Elemente des Festessens werden aufgezählt, ihre Bedeutung für die jüdische Geschichte wird erklärt, die relevanten Texte und Kommentare zum Exodus aus Ägypten werden gelesen und der Tradition gemäß im Lauf der Lektüre frei von der Festrunde diskutiert. Von grundsätzlichen Fragen zur Funktion des Festes geht es allmählich im Verlauf des Abends bis hin zu unterhaltsamen Liedern und Reimen, die schließlich in dem Hoffnungsausspruch gipfeln: im nächsten Jahr in Jerusalem zu feiern.

Selbst laizistische Juden haben diese Tradition in Deutschland bewahrt und dadurch ein sensibles Bewusstsein ihrer religiösen und kulturellen Identität erhalten.

Die hier vorliegende *Weihnachts-Haggadah* will an diese Traditionsform der *Pessach Haggadah* anknüpfen. Sie soll wie diese allgemein die Leser und Hörer in der Weihnachtszeit durch die Textfolge der Haggadah führen und letztlich auch Fragen und Kommentare zu gemeinsamem jüdisch-christlichen Gedankengut aufwerfen und damit eine Vertiefung der allgemeinen menschlichen Selbstreflexion erreichen. Vielleicht kann sie damit beitragen, dem mehr und mehr kommerzialisierten Weihnachtsfest durch die hier vorgegebenen Gedanken und die damit verbundenen freien Gespräche, Fragen und Reflexionen eine anregende geistige Bedeutung zu geben.

HENNING SCHROEDTER-ALBERS

Gedanken zur Weihnachtszeit

Ein wesentlicher Charakterzug des Weihnachtsfestes, wie es jedenfalls in Deutschland gefeiert wird, ist die Stimmung der Vorfreude auf das Fest: auf das familiäre Zusammensein, auf den festlichen Ton der Wohnungsausschmückung, auf das gegenseitige Beschenken, ja, und eine freudige Erwartung auf ein Wunder, die uns seit der Kindheit begleitet und mit der Weihnachtsgeschichte zusammenhängt, die Ahnungen erweckt hat, die einer Erfüllung harrten.

Die wesentliche Botschaft, auf die Juden und Christen gemeinsam ihre Gedanken lenken, ist die Botschaft des Alten wie auch des Neuen Testaments im Sinn eines lebensnahen und sozialen Konzepts, das von der Idee der mitmenschlichen Hilfe und Liebe in einem Versuch der Übereinstimmung mit der Gesamtheit der Schöpfung bestimmt ist.

Alle wesentlichen traditionellen Elemente des Weihnachtsfestes sind von diesem Grundgedanken getragen: der Tannenbaum als Symbol der Beständigkeit, die Lichter als Zeichen der wärmenden und erhellenden Hoffnung, die Nüsse als Hinweis auf freudebringende Geheimnisse, die Sterne als Verbindung zur Schöpfung des Alls, zum Kosmos, dessen Wunder seit Urzeiten die Menschheit faszinierte, das Singen von Liedern als eine existenziell notwendige menschliche Ausdrucksmöglichkeit, die Festvorstellungen zu fassen und emotional auszuleben.

Die folgende Ordnung von Texten, Liedern und Bildern versucht, in enger Anlehnung an das ideelle Konzept der *Pessach Haggadah* diese Elemente zu verbinden und dem Leser wie auch seiner Familie oder seinem Freundeskreis dadurch den geschichtlichen Nachvollzug des Weihnachtsgeschehens aktiv durch Vorlesen, Hören, Singen, Fragen und Antworten zu erlauben, wie auch die Selbstreflexion der menschlichen Existenz anzuregen.

Michael Wolffsohn

Weihnachts-Haggadah warum und wozu?

Selbst den Zauber der Weihnacht entzaubern die rauschhaften All- und Festtage der religions- und ritualfernen Welt. Immer mehr. Selbst in Deutschland, Österreich und der Schweiz, den traditionellen Hochburgen des ehemals unwiderstehlichen Weihnachtszaubers. Das liegt nicht nur daran, dass die sprichwörtliche „Weiße Weihnacht" in unseren Breiten immer seltener wird. Es mag auch, doch gewiss keineswegs nur am Klimawandel, sondern weit eher am religionsfernen und -fremdelnden Konsumrausch liegen, dass dieser Zauber verfliegt.

„Wehret den Anfängen!" zu rufen, kommt zu spät. Wirkungslos bliebe ein Deich um die noch bestehenden Inseln weihnachtlicher Seligkeit. Ein solcher Deich wäre defensiv. Eine unaufdringliche und erst recht unaggressive Weihnachtszauber-Offensive verspricht mehr. „Gehet hin in alle Welt und prediget", hatte Jesus seine Jünger aufgefordert (Makus 16, 15). In unserem Falle – dem Versuch, der Wiedergewinnung oder des Erhalts des Weihnachtszaubers – muss es ja nicht gleich das Evangelium sein. Das Weihnachtsfest verkündet eine wirklich Frohe Botschaft. Nicht nur an Christen. Es ist eine Menschheitsbotschaft. Sie schließt freilich weder Geschenke noch Weihnachtsgans oder andere kulinarische und flüssige Köstlichkeiten aus. Der Mensch mag Materielles. Warum auch nicht? Doch der Mensch lebt nicht von Gans, Geschenken, Speis' und Trank allein. Ohne die Verbindung mit Ideellem kein Wohlbefinden. Also nicht nur noch ein gutes Essen, nicht nur noch ein Geschenk, sondern zur Wirklichkeit den Wunsch, also Zauber, Weihnachtszauber.
Gerade als Jude habe ich seit jeher den Zauber der Weihnachtszeit in Deutschland genossen und die Christen um dieses wunderschöne Fest geradezu beneidet. Ich war nicht allein. Wer die deutschjüdische Geschichte kennt, weiß, dass besonders deutsche Juden auf „ihren" Weihnachtsbaum keinesfalls verzichten wollten. Selbstironisch sprachen sie vom „jüdischen Weihnachtsbaum". Man lese zum Beispiel die *Berliner Kindheit um Neunzehnhundert* des bedeutenden deutsch-

jüdischen Denkers Walter Benjamin. Voller Inbrunst sangen viele Juden auch Weihnachtslieder wie „Stille Nacht, Heilige Nacht" oder „Es ist ein Ros' entsprungen". Christlicher geht's nimmer, sollte man denken. Pustekuchen. Womit wir bei der jüdisch-christlichen Verflechtung auch und gerade des scheinbar nur und urchristlichen Weihnachtsfestes wären. Der Belege gibt es viele, wir begnügen uns hier mit Wenigem, Beispielhaftem.

„Es ist ein Ros' entsprungen" ist zugleich urchristlich und (!) urjüdisch. Jesaja 11, 1:
„Und es wird ein Reis hervorgehen aus dem Stamm Isais und ein Zweig aus seiner Wurzel Frucht bringen." „Ros" bzw. „Reis" poetisch für „Spross" und „Stamm" im Sinne von Haus bzw. Geschlecht bzw. Familie. Kurz erklärt: Der jüdische Prophet Jesaja verkündet, dass aus dem Hause Isai jemand geboren werde. Und weiter (Jesaja 11, 2 – 10): „Auf ihm wird ruhen der Geist des HERRN, der Geist der Weisheit und des Verstandes, der Geist des Rates und der Stärke, der Geist der Erkenntnis und der Furcht des HERRN. Und Wohlgefallen wird er haben an der Furcht des HERRN. Er wird nicht richten nach dem, was seine Augen sehen, noch Urteil sprechen nach dem, was seine Ohren hören, sondern wird mit Gerechtigkeit richten die Armen und rechtes Urteil sprechen den Elenden im Lande, und er wird mit dem Stabe seines Mundes den Gewalttätigen schlagen und mit dem Odem seiner Lippen den Gottlosen töten. Gerechtigkeit wird der Gurt seiner Lenden sein und die Treue der Gurt seiner Hüften. Da wird der Wolf beim Lamm wohnen und der Panther beim Böcklein lagern. Kalb und Löwe werden miteinander grasen, und ein kleiner Knabe wird sie leiten. Kuh und Bärin werden zusammen weiden, ihre Jungen beieinanderliegen, und der Löwe wird Stroh fressen wie das Rind. Und ein Säugling wird spielen am Loch der Otter, und ein kleines Kind wird seine Hand ausstrecken zur Höhle der Natter. Man wird weder Bosheit noch Schaden tun auf meinem ganzen heiligen Berge; denn das Land ist voll Erkenntnis des HERRN, wie

Wasser das Meer bedeckt. Und es wird geschehen zu der Zeit, dass die Wurzel Isais dasteht als Zeichen für die Völker." Die jüdisch-prophetische Vision des Messias aus dem Hause Davids, des sozusagen positiv jüdischsten aller jüdischen Könige, zumal die meisten anderen jüdischen Könige in der Hebräischen Bibel denkbar schlecht, als gotteslästerlich, beschrieben werden.

Aufgeklärten Christen nichts Neues, denn gerade Christen, die ihr Christentum ernst nehmen und es kennen, wissen: Ohne das Erste, jüdische, Testament kein Zweites, christliches. Ohne das Alte kein Neues Testament. Das Neue setzt logisch und theologisch das Alte voraus. Wer die jüdischen Wurzeln des Christentums zerschlägt, zerschlägt letztlich die Wurzeln des Christentums. Oder ein anderes Bild: Wer das jüdische Fundament des christlichen Hauses zerstört, lässt das christliche Haus in sich zusammenbrechen. Ebenso gilt: Die moderne Wissenschaft vom Judentum hat bewiesen, dass das heutige, auf dem Talmud basierende Judentum ohne das Christentum undenkbar wäre. Christentum und Judentum sind seit jeher rivalisierende Geschwister. Nach nunmehr zweitausend Jahren dürften sie ihre „Kindheit" und damit auch ihre Rivalität allmählich überwunden und zu einem verträglichen familiären Miteinander gefunden haben, denn: Das Judentum ist nicht dem Christentum überlegen oder umgekehrt. Beide gehören geistes- bzw. religionsgeschichtlich zueinander und nicht gegeneinander – auch wenn die Realgeschichte, zumindest bis zum Zweiten Vatikanischen Konzil („Nostra Aetate", 1965) ganz anders verlief.

Dieser brückenschlagende Geist kennzeichnet die vorliegende *Weihnachts-Haggadah* von Henning Schroedter-Albers. Sie will Weihnachten wahrlich nicht zu einem jüdischen Fest umzaubern. Kein Religionsimperialismus, sondern echter Religionspazifismus. Weihnachten war, ist und bleibt christlich, christlich, christlich. Punkt! Es droht aber leider die Entchristlichung dieses so wunderbar, zauberhaften Christenfestes.

Ironie der christlich-jüdischen Geschichte und Theologie: Vielleicht kann ausgerechnet die Haggadah-Methode, also die fröhlich belehrende Pädagogik, des (natürlich jüdischen) Pessachfestes zur Bewahrung oder, noch besser, zur neuerlichen Festigung des aufgeklärten, entkrampften, fröhlichen und zugleich christlichen Charakters dieses Christenfestes beitragen?

Henning Schroedter-Albers feiert nach seinem Israel-Aufenthalt von 1969 bis 1974 mit seiner Familie sowohl Weihnachten wie auch Pessach. Im Kibbutz NeveYam hat er 1969 zuerst die *Pessach Haggadah* kennengelernt.

Die *Pessach Haggadah* ist weniger ein Buch als eine Broschüre. Eine bunte Mischung aus kurzen Bibel-, Talmud- und Gebetstexten, Erzählungen, Kommentaren und, ganz wichtig, vielen Liedern. Nicht immer richtig, doch meistens sehr laut werden sie gesungen. Das hebt die Stimmung. Wer will mit, wer nicht will, ohne oder mit wenig Alkohol. Man lernt, ohne dass dabei das Lernen Arbeit ist. Es ist Vergnügen pur, und wer will kann die Texte seinerseits kommentieren. Wie gut das tut: Jeder kann mitreden. Wer will, der kann. Freilich will nicht jeder. Weder in christlichen noch in jüdischen Feierrunden.

Das Schöne am ersten Pessachabend (außerhalb Israels auch am zweiten), an dem eben aus der Haggadah gelesen wird: Fest und Festessen sind eben nicht einfach nur „noch ein Fest und noch ein Festessen“, sondern ein ganz besonderes Fest und ein ganz besonderes Festessen. Die wahre Freude.

Möge diese Haggadah die Weihnachtsfreude und die Zahl der christlich Feiernden mehren, wünscht Ihnen und sich der das Christentum ehrende und verehrende Jude

Michael Wolffsohn

Weihnachts-Haggadah

Auf den folgenden Seiten finden Sie eine Möglichkeit, wie die (vor-)weihnachtlichen Abende im Kreis der Familie oder der Freunde in verteilten Rollen gestaltet werden können.

ÄLTESTE PERSON: Nach alter Redensart wollen wir heute Abend mehrere Nüsse knacken:
ERSTE NUSS: Die erste Nuss soll uns an die Bräuche unserer Vorfahren erinnern und den Kern dieses festlichen Zusammenseins begreifen helfen:
Es ist ein wunderbares Geschehen, dass mitten in der rauesten und düstersten Jahreszeit die Menschen in unseren Breitengraden sich im Glanz von Lichtern und mit Freude einander zuwenden, scherzen, fröhlich essen und trinken und einander beschenken.

Hierzu passend wurden bekannte Weihnachtslieder ausgewählt, die von Monika Drasch und Martin Danes vertont wurden. Die Lieder können über die beigeordneten QR-Codes auf dem Handy oder Tablet aufgerufen und angehört werden. Sie sollen zum Mitsingen in der Familie einladen.

EDUARD EBEL dichtete folgende Verse, gesungen nach einer alten Volksweise:

Leise rieselt der Schnee,
Still und starr liegt der See,
Weihnachtlich glänzet der Wald:
Freue dich, 's Christkind kommt bald!

In den Herzen ist's warm;
Still schweigt Kummer und Harm.
Sorge des Lebens verhallt:
Freue dich! 's Christkind kommt bald!

Bald ist heilige Nacht,
Chor der Engel erwacht;
Horch nur, wie lieblich es schallt:
Freue dich, 's Christkind kommt bald!

WEITERE PERSON:

ZWEITE NUSS: Diese Nuss knacken wir, dass wir uns des Anlasses erinnern wollen, warum wir vor einem geschmückten Lichterbaum sitzen und feiern.
Denn es ist doch wunderbar, dass wir uns für das höchste Jahresfest einen immergrünen Nadelbaum wählen, der ein sinnfälliges Zentrum dieses Festes bildet.*

**So schön das Baum-Brauchtum auch ist – mit dem Christentum hat der Weihnachtsbaum ursprünglich nichts zu tun. Ganz im Gegenteil. Bäume gehörten in der heidnischen – heute „polytheistisch" genannten – Zeit zum religiösen Brauchtum. So war die „Donar-Eiche" (angeblich) beim nordhessischen Geismar Teil des germanisch-religiösen, heidnischen Brauchtums. Benannt war sie nach dem germanischen Wetter- und Donnergott Donar. Von seinem Namen stammt das Wort „Donner". Im Rahmen seiner Germanien-Mission fällte Erzbischof Bonifatius (um 673 – 754 n. Chr.) im Jahre 723 diese Eiche. Er wollte damit die Ohnmacht des germanischen Gottes beweisen. So ganz auf den Lieben Gott vertraute aber auch Bonifatius nicht. Sicherheitshalber wagte der Missionar diese Aktion nur unter dem diesseitigen Schutz fränkischer Soldaten. 754 oder 755 wurde er von missionsunwilligen Friesen erschlagen. Sein Grab findet man im Dom zu Fulda. Fast alle antiken Religionen sowie der Schamanismus und Shintoismus kennen Heilige Bäume. Immergrüne Bäume symbolisieren den Wunschtraum des Menschen nach quasi ewigem Leben. Geburt (Jesu Christi), Immergrünes, Licht – das alles sind unzweideutige Symbole für Leben schlechthin. Das Lied „O Tannenbaum" gibt auf seine Weise diesen Grundgedanken wieder.*

Der Nadelbaum als Weihnachtsbaum bzw. „Christ"baum ist zwar alles andere als typisch christlich, wohl aber seit ca. 1800 „typisch deutsch". Von Deutschland aus „eroberte" er (friedlich!) die Weihnachten feiernde christliche Welt. Vorläufer gab es allerdings hier und da – besonders im Elsass – bereits seit ca. 1500 (Frühe Neuzeit).

Das Licht bzw. Lichterfest ist ein weiteres ursprünglich gesamtmenschheitliches und auch bereits heidnisches sowie im Judentum (Chanukka) und Islam (Mevlid Kandili oder Maulid an-nabi bzw. Geburtstag des Propheten Mohammed) vorfindbares Ritual im Winter, also in der dunklen Jahreszeit. Die islamische Zeitrechnung basiert allein auf dem Mondkalender, so dass der Geburtstag des Propheten auch jahreszeitlichen Veränderungen unterliegt. Der jüdische Mondkalender bietet einen Schaltmonat, so dass Chanukka ein Lichterfest im Winter bleibt und sich terminlich nur unwesentlich ändert. Es fällt dann in die Adventszeit, weswegen weltlich orientierte Juden von „Weihnukka" sprechen. Sie backen und genießen dann „Weihnukka-Plätzchen."

Wie der immergrüne Baum ist Licht ein Symbol für das Leben schlechthin.

Wir erkennen: Religions- und zeitübergreifend basieren all diese Feste – und nicht nur diese – auf gesamtmenschheitlichen (anthropologischen) Vorstellungen, Grundgedanken, Hoffnungen und Ängsten. Aus diesen allmenschheitlichen Quellen entstanden und entwickelten sich die verschiedenen Religionen mit ihren jeweiligen Besonderheiten. Jede ist anders und doch im Kern ähnlich oder manchmal sogar gleich. Besonders auffallend ist die gedankliche Überschneidung zwischen dem Christentum und Islam. Hier die Geburt des Heilands, dort die Geburt des Propheten.

Ernst Anschütz ergänzte 1824 ein Gedicht von August Zarnack um zwei weitere Strophen. Nach einer alten Volksweise singen wir bis heute:

O Tannenbaum, O Tannenbaum,
Wie treu sind deine Blätter.
Du grünst nicht nur zur Sommerzeit,
Nein auch im Winter, wenn es schneit.
O Tannenbaum, O Tannenbaum,
Wie grün sind deine Blätter!

O Tannenbaum, O Tannenbaum,
Du kannst mir sehr gefallen!
Wie oft hat nicht zur Winterszeit
Ein Baum von dir mich hoch erfreut!
O Tannenbaum, O Tannenbaum,
Du kannst mir sehr gefallen!

O Tannenbaum, O Tannenbaum,
Dein Kleid will mich was lehren:
Die Hoffnung und Beständigkeit
Gibt Trost und Kraft zu jeder Zeit!
O Tannenbaum, O Tannenbaum,
Dein Kleid will mich was lehren.

Weitere Person:
Dritte Nuss: Diese Nuss knacken wir, dass wir uns der Bedeutung der Weihnachtssterne bewusst werden, die zu gleicher Zeit mit den Kerzen leuchten.
Denn es ist doch seit der Verkündigung durch die Apostel wunderbar, dass wir in dieser Winternacht die Sternenlichter suchen, uns an ihrem Glanz erfreuen und uns dem Paradies vielleicht für eine kurze Zeitspanne wieder näher fühlen.*

**Weihnachtssterne, wie Sterne überhaupt, sind sozusagen die für uns Menschen sichtbare Brücke zwischen Himmel und Erde. Gemeint ist dabei in den Religionen natürlich die sichtbare Brücke zwischen „Gott im Himmel“ und den Menschen auf Erden. Der „Stern von Bethlehem“ wiederum ist „der“ Stern, also Jesus, der Christus / Messias / Heiland, der, wie die Evangelien berichten, in Bethlehem geboren wurde.*

Hermann Kletke sieht dies 1841 ähnlich und nach einer alten Volksweise wird gesungen:

Am Weihnachtsbaum die Lichter brennen,
Wie glänzt er festlich, lieb und mild,
Als spräch er: „Wollt in mir erkennen
Getreuer Hoffnung stilles Bild.“

Die Kinder stehn mit hellen Blicken,
Das Auge lacht, es lacht das Herz,
O fröhlich, seliges Entzücken,
Die Alten schauen himmelwärts.

Zwei Engel sind hereingetreten,
Kein Auge hat sie kommen sehn,
Sie gehn zum Weihnachtsbaum und beten
Und wenden wieder sich und gehn.

„Gesegnet seid ihr alten Leute,
Gesegnet sei du kleine Schar!
Wir bringen Gottes Gaben heute
Dem braunen wie dem weißen Haar!“

„Zu guten Menschen, die sich lieben,
Schickt uns der Herr als Boten aus,
Und seid ihr treu und fromm geblieben,
Wir treten wieder in dies Haus!“

Kein Ohr hat ihren Spruch vernommen
Unsichtbar jedes Menschen Blick
Sind sie gegangen wie gekommen,
Doch Gottes Segen bleibt zurück.

Jüngste Person:

Vierte Nuss: Diese Nuss zerbrechen wir zum Zeichen, dass wir uns der jüdischen Bräuche erinnern wollen, indem am Pessachabend gefragt wird: „Was ist anders in dieser Nacht?"*

**Nach jüdischer Tradition wird am Pessachabend vom Jüngsten der Pessachrunde dieses Lied auf Hebräisch vorgetragen. Der Text folgt frei dem Lied „Ma nischtana …" der Pessach Haggadah.*

Gemäß dieser Tradition ist der Text natürlich auf die Merkwürdigkeiten des Exodus aus Ägypten bezogen! Die (jüdische) Pessach Haggadah ist in weiten Teilen sehr pädagogisch bzw. belehrend, wissensvermittelnd. Daher das Frage-Lied „Ma nischtana", also: Worin unterscheidet sich dieser Abend von anderen Abenden? Die Frage ist so überraschend nicht, denn: Der erste Pessachabend („Seder-Abend") besteht, wie jeder Abend, aus einem Abendessen. Das ist die eine Seite. Die andere: Das Abendessen wird durch die Haggadah-Lesung ergänzt sowie durch bestimmte symbolträchtige Rituale. Diese werden im „Ma nischtana"-Lied erläutert. Auf diese Weise feiert zwar jede Seder-Gemeinschaft auf ihre Weise, aber doch gemäß einer allgemeinjüdischen Ordnung und Reihenfolge. „Alle Jahre wieder". Das alles bindet, verbindet und stiftet nicht nur einen besonderen Glanz, sondern auch sowohl ein je besonderes Familien- als auch und zugleich ein allgemeines Ritual. Diesem Grundgedanken folgt die Weihnachts-Haggadah, ohne das christliche Weihnachtsfest auch nur im Entferntesten jüdisch umformen („judaisieren") zu wollen.

Und so fragen wir zur Weihnachtszeit auch:

Was ist anders in dieser Nacht als alle Nächte sonst, als alle Nächte sonst?
Dass wir sonst ermüdet und lustlos sitz'n und miteinander streit'n,
Und miteinander streit'n – aber in dieser Nacht lachen, scherzen wir,
Beschenken einander mit Gaben, aber in dieser Nacht lachen, scherzen wir,
Beschenken einander mit Gaben.

Was ist anders in dieser Nacht als alle Nächte sonst, als alle Nächte sonst?
Dass uns sonst die dunkle Nacht betrübt und wir im Leid versinken,
Aber in dieser Nacht blüht Hoffnung uns, wir freun uns an dem Tannenbaum,
Aber in dieser Nacht blüht Hoffnung uns, wir freun uns an dem Tannenbaum.

Was ist anders in dieser Nacht, als alle Nächte sonst, als alle Nächte sonst?
Dass wir sonst den Sommer missen und die Kälte uns frösteln macht,
Aber in dieser Nacht glüht unser Herz, die Sterne und Kerzen leuchten uns,
Aber in dieser Nacht glüht unser Herz, die Sterne und Kerzen leuchten uns.

Was ist anders in dieser Nacht als alle Nächte sonst, als alle Nächte sonst?
Dass wir sonst den Mut hängen lassen und unseren Mund verschließen,
Aber in dieser Nacht, da singen wir, die Nuss sagt uns warum,
Aber in dieser Nacht, da singen wir, die Nuss sagt uns warum.

Neue Person:

Fünfte Nuss: Wie unterschiedlich die Geburt Jesu zu deuten ist, geht aus den Berichten der Evangelisten hervor.

Und wie berichtet der Evangelist Matthäus (Mt 1,1-3; 5-6; 17-23) über die Geburt von Jesus von Nazareth?*

**„Jesus von Nazareth", lesen wir im Neuen Testament. Aber auch: geboren in Bethlehem. Das Neue Testament lokalisiert diesen Ort des jesuanischen Wirkens nur im Zusammenhang mit seiner Geburt. Darüber hinaus wird nur Nazareth als Jesu Herkunfts- und Kindheits- und Jugendort genannt. Eben „Jesus von Nazareth". Ist Jesus also in Nazareth geboren? War Bethlehem als Ort der Geburt Jesu Fakt oder Fiktion? Die Antwort kennt keiner. Die überlieferten Texte des Neuen Testaments, des jüdischen Schriftstellers und Historikers Josephus Flavius (37 in Jerusalem – um 100 n. Chr. in Rom) und des Talmud sprechen ebenfalls nur über „Jesus von Nazareth" oder den „Nazarener". Manches spricht daher dafür, dass Jesus in Nazareth auch geboren wurde, zumal es keinen einzigen historischen Beleg für die im Neuen Testament erwähnte Volkszählung gibt, deretwegen alle Bürger Judäas an ihrem Herkunftsort eintreffen mussten.*

Weshalb also Bethlehem? Die Antwort gibt das Alte Testament, Jesaja 11, 1 – 9: „Doch aus dem Baumstumpf Isais wächst ein Reis hervor, / ein junger Trieb aus seinen Wurzeln bringt Frucht. 2 Der Geist des HERRN ruht auf ihm: / der Geist der Weisheit und der Einsicht, der Geist des Rates und der Stärke, / der Geist der Erkenntnis und der Furcht des HERRN. 3 Und er hat sein Wohlgefallen an der Furcht des HERRN. / Er richtet nicht nach dem Augenschein / und nach dem Hörensagen entscheidet er nicht, 4 sondern er richtet die Geringen in Gerechtigkeit / und entscheidet für die Armen des Landes, wie es recht ist. Er schlägt das Land / mit dem Stock seines Mundes und tötet den Frevler / mit dem Hauch seiner Lippen. 5 Gerechtigkeit ist der Gürtel um seine Hüften / und die Treue der Gürtel um seine Lenden. 6 Der Wolf findet Schutz beim Lamm, / der Panther liegt beim Böcklein. Kalb und Löwe weiden zusammen, / ein kleiner Junge leitet sie. 7 Kuh und Bärin nähren sich zusammen, / ihre Jungen liegen beieinander. / Der Löwe frisst Stroh wie das Rind. 8 Der Säugling spielt vor dem Schlupfloch der Natter / und zur Höhle der Schlange streckt das Kind seine Hand aus. 9 Man tut nichts Böses / und begeht kein Verbrechen / auf meinem ganzen heiligen Berg; denn das Land ist erfüllt von der Erkenntnis des HERRN, / so wie die Wasser das Meer bedecken."

Im Klartext christlicher Interpretation Jesajas: Der Messias – von diesem ist hier die Rede – werde aus dem Stamme (dem Geschlecht) Isais kommen. Isai war der Vater von König David. Aus dem Hause Davids, so die jüdische Prophetie, werde der Messias kommen bzw. (wörtlich) „stammen".

„Es ist ein Ros (= Reis = Zweig) entsprungen"
„... von Jesse (= Isai) kam die Art"
„Und hat ein Blümlein (Wortbild für den Messias) bracht
Mitten im kalten Winter"

Eben im Winter, in der dunklen Zeit, also im dunkelsten Monat, dem Dezember.
Das vorletzte Mosaiksteinchen: David stammte, wie sein Vater Isai, aus Bethlehem. Hier ist das letzte Mosaiksteinchen: Jesaja spricht von Isai, aber nicht ausdrücklich von dessen Herkunftsort, Bethlehem. Dieses Wissen setzte der Prophet bzw. seine Autoren bei den Lesern voraus. Der alttestamentliche Prophet Micha (5, 1) bezog sich ausdrücklich auf Bethlehem als Herkunftsort des Messias: „Und du, Bethlehem, ... aus dir soll mir der kommen, der in Israel Herr sei, dessen Ausgang von Anfang und von Ewigkeit her gewesen ist."

Einerlei, ob Jesu Geburtsort Bethlehem oder Nazareth war. Dass er tatsächlich lebte, wirkte, viel bewirkte und eine große Anhängerschar bereits zu Lebzeiten um sich scharen konnte, ist historisch unumstritten. Wie stets will das Neue, ebenso wie das Alte Testament, durch Geschichten die wahre Geschichte zusätzlich ausschmücken, um ihr mehr messianisch-jesuanisches Gewicht und Rechtfertigung, auch bei Juden, zu verleihen. Jüdische Legitimität als Mittel, um das Judentum zu reformieren – so die eine frühchristliche Richtung – oder zu überwinden und zu ersetzen – so die andere frühchristliche Richtung. Messianisch jüdische Legitimität bot der Bezug auf das Haus David und Bethlehem, denn aus dieser Stadt stammte David und aus ihr sollte, wie dargestellt, der Messias kommen.

Der Evangelist Matthäus führt uns die Abstammung von Jesus folgendermaßen vor:

Buch der Abstammung Jesu Christi, des Sohnes Davids, des Sohnes Abrahams:
Abraham zeugte Isaak, Isaak zeugte Jakob, Jakob zeugte Juda und seine Brüder. Juda zeugte Perez und Serach mit Tamar. Perez zeugte Hezron, Hezron zeugte Aram. [...] Salmon zeugte Boas mit Rahab. Boas zeugte Obed mit Ruth, Obed zeugte Jesse, Jesse aber zeugte David, den König. [...] Insgesamt sind es also von Abraham bis David vierzehn Geschlechter, von David bis zur Babylonischen Gefangenschaft vierzehn Geschlechter und von der Babylonischen Gefangenschaft bis Christus vierzehn Geschlechter.

**Matthäus' Darstellung der Abstammung (Genealogie) Jesu gleicht den aus der Hebräischen Bibel („Altes Testament") bekannten genelogischen Ab- und Herleitungen. Das ist ein weiterer Hinweis darauf, dass zur Lebenszeit des Evangelisten, im ersten nachchristlichen Jahrhundert, die frühchristliche Gemeinschaft die Juden umwarb. Es herrschte ein Wettbewerb zwischen dem Judentum und dem Frühchristentum – zunächst – um dieselbe Zielgruppe: Juden. Die Verwendung der traditionell jüdisch Einführungs- und Darstellungsart von wichtigen biblischen Akteuren sollte, durchaus im Geist und Wort Jesu, den Juden signalisieren: Seht her, wie Jesus ändern wir nicht die jüdischen Gesetze, nicht einmal ein Komma der jüdischen Lehre und Tradition. Wir entwickeln sie weiter oder korrigieren sie, wo sie von Priestern und Schriftgelehrten verfälscht wurde. „Weiter" bedeutete in diesem christlichen Sinne: „Richtig". Rund 600 Jahre später ähnlich im Koran. Darin, und grundlegend für und im Islam: Hier werde erstmals sowohl die jüdische als auch die christliche Überlieferung „richtig" dargestellt. Unausgesprochen, aber dem gleichen Argumentationsansatz folgend, zuvor im Judentum die Darstellung der Josefs- und Moses-Geschichte der Hebräischen Bibel. Deren Ein-Gott-Vorstellung war die eine Übernahme und zugleich Umformung der ersten quasi monotheistischen Religion der Menschheitsgeschichte. Eingeführt hatte sie der ägyptische König (Pharao) Echnaton (1372 – 1336 v. Chr.), der Ehemann der wunderschönen Nofretete, deren Büste in der Ägyptischen Sammlung in Berlin zu bewundern ist.*

Anders als etwa der Evangelist Matthäus hatte der Apostel Paulus bereits früher sowohl Juden als auch Nichtjuden im Römischen Reich umworben. Das belegen nicht zuletzt die Paulus-Briefe, denn der Apostel predigte auch in Synagogen, was den dort anwesenden Juden missfiel und weswegen es zu Handgreiflichkeiten kam. Im späteren Johannes-Evangelium werden „die" Juden nicht mehr umworben, eher gegen sie polemisiert. Auf hohem intellektuellem, theologischem und literarischem Niveau.

So war es aber mit der Geburt Jesu Christi: Als Maria, seine Mutter, mit Josef verlobt war – bevor sie noch mit ihm zusammengekommen war –, da zeigt es sich, dass sie vom Heiligen Geist empfangen hatte. Josef, ihr Mann, gedachte nun, sie heimlich zu verlassen, da er gerecht war und sie nicht beschämen wollte. Als er dies noch erwog, siehe: da erschien ihm ein Engel des Herrn im Traum und sprach: Josef, Sohn Davids, fürchte dich nicht, Maria, deine Frau, zu dir zu nehmen! Denn das Kind, das sie empfangen hat, stammt vom Heiligen Geist. Sie wird einen Sohn gebären, und du sollst ihm den Namen Jesus geben, denn er wird sein Volk von seinen Sünden erlösen. All das aber ist geschehen, damit erfüllt werde, was vom Herrn durch seinen Propheten gesagt wurde:
Siehe! Die Jungfrau wird empfangen und einen Sohn gebären, und sie werden ihn Emmanuel nennen, das heißt übersetzt: Gott mit uns.*

**Maria habe als Jungfrau durch den Heiligen Geist empfangen und zur Welt gebracht, schreibt der Evangelist Matthäus. Er schildert die Ankunft des Erlösers und beruft sich unausgesprochen auf Jesaja (7, 14), den (jüdischen) Propheten der Hebräischen Bibel, der die Ankunft des Erlösers so vorhersagte: „Darum wird euch der Herr selbst ein Zeichen geben: Siehe, eine Jungfrau[1] ist schwanger und wird einen Sohn gebären, den wird sie nennen Immanuel" (Übersetzung Martin Luther). Im hebräischen Original heißt es allerdings nicht „Jungfrau", sondern „junge Frau". Die jungfräuliche Geburt halten „moderne", aufgeklärte Menschen für ein „Ammenmärchen" oder „Kinderkram" wie das Märchen vom Klapperstorch, der die Kinder bringe. Diese modernen Menschen verstehen aber nichts von antiker Literatur. Und sowohl das Neue als auch das Alte Testament (Hebräische Bibel) gehören unzweideutig zur antiken Literatur. Diese bedient sich bei der Ein- und Hinführung zu Worten und Taten wissentlich und willentlich herausragender Persönlichkeiten Wort- und Erzählbilder der Wunderwelt. Ihre Botschaft an die Menschen dieser wirklichen Welt: Aufgepasst, hier wird gleich von einem ganz Großen berichtet. Und weil dieser Akteur ein ganz Großer war, müssen und wollen wir dieses ungewöhnliche Erzählbild präsentieren. Dass Jesus sowohl historisch als auch theologisch, religiös ein ganz Großer war, ist unbestreitbar. Folglich ist diese Darstellungsweise kein Kinderkram. Ganz im Gegenteil.*
Wir können ganz sicher sein: Die Autoren und Kanonisierer des Neuen Testamentes, Meister des Wortes und daher auch des Wissens, wussten wie die menschliche Fortpflanzung „funktioniert". Sonst gäbe es uns nicht… Oder?
Übrigens finden wir in der Hebräischen Bibel, also noch früher, ebenfalls eine symmetrische Erzählung: die Geschichte von der Empfängnis und Geburt Isaaks. Dessen Mutter Sarah war keine Jungfrau, aber mit 90 Jahren, als sie ihn von ihrem Gatten Abraham empfing, eine Altfrau. Biologisch ist eine Altfrauengeburt ebenso unmöglich wie eine Jungfrauengeburt. Auch den Autoren des Alten Testamentes war diese Tatsache

bekannt. Und doch bedienten sie sich des symmetrischen Erzählbildes. Aus dem gleichen Grund. Den Lesern sollte signalisiert werden: Aufgepasst, hier geschieht Großes in unserer Volksgeschichte: Unser Stammvater (der auch nur eine mythische, keine historische Figur war) sichert den Fortbestand unseres Volkes – durch seinen Sohn.

Die Autoren des Alten und Neuen Testamentes schrieben wissentlich und willentlich keine Geschichte (History), sondern Geschichten im Sinne von „story“ bzw. „stories“. In diese Geschichten „verpackten“ sie zeitlos gültige Gedanken, Wünsche, Hoffnungen. Dabei verbanden sie die Welt der Menschen mit der Welt Gottes – wie sie ihn und diese zu sehen und zu erkennen glaubten.

Ob Dogma, wie in der Katholischen Kirche, oder nicht – Botschaft und Stilmittel sind ähnlich. Für die jeweilige Schilderung von Menschheitsereignissen und -inhalten.

Nach einer alten Melodie aus dem 16. Jahrhundert singen wir:

Es ist ein Ros entsprungen,
Aus einer Wurzel zart,
Wie uns die Alten sungen,
Von Jesse kam die Art
Und hat ein Blümlein bracht
Mitten im kalten Winter,
Wohl zu der halben Nacht.

Das Röslein das ich meine,
Davon Jesaias sagt:
Maria ist's, die Reine,
Die uns das Blümlein bracht.
Aus Gottes ew'gem Rat
Hat sie ein Kind geboren
Wohl zu der halben Nacht.

NEUE PERSON erhebt Weinglas oder andere Köstlichkeit

Zur Geburt selbst und ihrem Bekanntwerden berichtet nur einer der Evangelisten im Einzelnen. Lukas (Lk 2,1-20) schreibt:

In jenen Tagen erging vom Kaiser Augustus die Weisung, dass der ganze Erdkreis eingeschrieben werde. Dies fand zum ersten Mal statt, als Quirinius in Syrien regierte. Da machten sich alle auf, eingeschrieben zu werden, ein jeder in seine Stadt. Auch Josef ging von Galiläa aus der Stadt Nazareth hinauf nach Judäa in die Stadt Davids, die Bethlehem genannt wird – denn aus dem Haus und Geschlecht Davids war er –, um eingeschrieben zu werden mit Maria, seiner Verlobten, die schwanger war. Als sie dort waren, erfüllten sich die Tage ihrer Geburt und sie gebar ihren Sohn, den Erstgeborenen. Sie wickelte ihn und legte ihn in eine Krippe, denn in der Herberge hatten sie keinen Platz gefunden. In dieser Gegend lebten Hirten, die lagerten im Freien und hielten des Nachts Wacht über ihre Herde. Ein Engel des Herren nahte sich ihnen und die Herrlichkeit des Herren leuchtet um sie, und sie fürchteten sich sehr. Da sprach der Engel zu ihnen: Fürchtet euch nicht! Denn, siehe: ich bringe euch frohe Kunde, eine große Freude für das ganze Volk: Euch ist heute der Retter geboren, welcher ist Christus, der Herr, in der Stadt Davids. Und daran sollt ihr ihn erkennen: Ihr werdet ein Kind finden, gewickelt und in einer Krippe liegend.

Und plötzlich war bei dem Engel eine große himmlische Heerschar,
die pries Gott und sprach:
Herrlichkeit sei Gott in der Höhe
und auf Erden Friede bei den Menschen seines Wohlgefallens!

Wie nun die Engel von ihnen fort zum Himmel zogen, da sprachen die Hirten zueinander: Lasst uns denn nach Bethlehem gehen und ansehen, was der Herr uns gekündet hat! Und sie kamen geschwind dorthin und fanden Maria und Josef – und das Kind in der Krippe liegen. Als sie es aber sahen, taten sie kund, was ihnen über dieses Kind gesagt worden war. Und alle, die es hörten, staunten darüber, was ihnen von den Hirten erzählt wurde. Maria aber bewahrte alle diese Worte und erwog sie in ihrem Herzen.
Und die Hirten kehrten heim und verherrlichten Gott und priesen ihn für alles, was sie gehört und gesehen hatten, so wie es ihnen gesagt worden war.

Neue Person: Die Wirkung der Geburt Jesu ging aber weit über die Grenzen des jüdischen Landes hinaus. Und wie berichtet der Evangelist Matthäus (Mt 2, 1-2) darüber?

Als Jesus in den Tagen des Königs Herodes zu Bethlehem in Judäa geboren war, siehe: da kamen Weise aus dem Osten nach Jerusalem zusammen und sprachen:*

**Der kulturelle, religiöse und wirtschaftliche Austausch der Region Judäa mit dem östlichen Orient bzw. Mesopotamien (siehe die Sintflut-, Turmbau-zu-Babel- und Abraham-Geschichte im Alten Testament) war, ebenso wie mit Ägypten (siehe die Josef- und Moses-Geschichte), seit jeher sehr intensiv. Und wieder finden wir hier jüdische Kontinuitäten in der elementarchristlichen Tradition.*

Wo ist der neugeborene König der Juden? Wir haben nämlich seinen Stern im Osten gesehen und sind gekommen, ihm zu huldigen. Als König Herodes das hörte, erschauderte er und ganz Jerusalem mit ihm. Er rief alle Hohepriester und Schriftgelehrten des Volkes zusammen und befragte sie, wo der Christus geboren würde. Die aber sagten zu ihm: in Bethlehem in Judäa. Denn so steht geschrieben durch den Propheten:

Und du, Bethlehem, im Lande Juda, bist keineswegs die geringste unter den Hauptstädten Judas: denn aus dir wird ein Fürst entstammen, der mein Volk Israel weiden wird.

Darauf rief Herodes heimlich die Weisen herbei und ergründete von ihnen genau den Zeitpunkt, da der Stern erschienen war. Dann schickte er sie nach Bethlehem und sprach: Macht euch auf den Weg und forscht genau nach dem Kind! Sobald ihr aber etwas findet, berichtet mir, dass auch ich kommen und ihm huldigen möge.

Sowie sie den König gehört hatten, machten sie sich auf und siehe: der Stern, den sie im Osten gesehen hatten, zog ihnen voran, bis er über dem Ort zum Stehen kam, an dem das Kind war.**

***Ebenfalls ein aus dem Alten Testament bekannte und abgewandeltes Bild: Beim Auszug („Exodus") bzw. der Flucht der Kinder Israels aus dem Ägypten Pharaos wies Gott als Feuersäule den Juden den Weg.*

Als sie dort den Stern sahen, freuten sie sich sehr. Sie gingen in das Haus und sahen das Kind mit Maria, seiner Mutter. Da warfen sie sich auf den Boden und huldigten ihm. Dann taten sie ihre Schätze auf und brachten ihm Gaben dar: Gold und Weihrauch und Myrrhe.***

****Weihrauch wurde bereits im alten Ägypten sowie dem vorderorientalischen Kanaan für wichtige kultische Zwecke benutzt und deshalb in Alt-Israel zunächst abgelehnt, doch ab ca. 500 v. Chr. auch im Jerusalemer Tempel der Juden verwendet. Die römischen Kaiser ließen sich damit „beweihräuchern". Die frühen Christen lehnten daher Weihrauch zunächst ab, liest man oft. Doch das stimmt offenbar nicht. Das belegt diese Textstelle des Evangelisten Matthäus aus dem ersten nachchristlichen Jahrhundert. Zur Huldigung des Jesuskindes gehört hier eben auch Weihrauch. Nach gutem (?) jüdischen und römischen Brauch wurde nun auch Jesus „beweihräuchert", also, wie die Kaiser, als Herr (auch) der diesseitigen Welt zelebriert.*

Die Myrrhe wurde bereits in der Antike als Heilpflanze verwendet. Hier symbolisiert sie diese Aussage: Jesus als Heil(and) bzw. Erlöser vom Übel dieser Welt..

Den Segen der Heiligen Nacht brachten 1816
Johannes Daniel Falk und
Johann Georg Holzschuher (2. und 3. Strophe) ins Wort.

Nach einer alten Volksweise singen wir:

O du fröhliche, o du selige,
Gnadenbringende Weihnachtszeit.
Welt ging verloren, Christ ward geboren,
Freue, freue dich, o Christenheit!

O du fröhliche, o du selige,
Gnadenbringende Weihnachtszeit.
Christ ist erschienen, uns zu versühnen,
Freue, freue dich, o Christenheit!

O du fröhliche, o du selige,
Gnadenbringende Weihnachtszeit.
Himmlische Heere jauchzen Dir Ehre,
Freue, freue dich, o Christenheit!

NEUE PERSON:

SECHSTE NUSS: Der Evangelist Lukas (Lk 2,21-22; 25-32) stellt die Tage nach Jesu Geburt nach der alten jüdischen Tradition dar. Er berichtet:

Als die acht Tage erfüllt waren, da er beschnitten werden sollte, wurde ihm der Name Jesus gegeben, der vom Engel geheißen worden war, bevor er noch im Mutterleib empfangen wurde.*

**Erneut die Brücke zum und Rechtfertigung aus und mit dem Judentum: Wie alle neugeborenen jüdischen Knaben wurde Jesus – als Jude – am achten Tag nach seiner Geburt beschnitten. Immer wieder gab und gibt es auch heute in der Katholischen Kirche Stimmen, die, sich auf diesen Erzählteil beziehend, für ein „Fest der Beschneidung Jesu" eintreten. Der Wiener Theologie-Professor Jan-Heiner Tück berichtet, Papst Franziskus halte diesen Vorschlag für „erwägenswert".*

Und als die Tage ihrer Reinigung gemäß dem Gesetz des Mose erfüllt waren, führten sie ihn hinauf nach Jerusalem, um ihn dem Herrn darzustellen. [...] Und siehe: in Jerusalem war ein Mensch namens Simeon, der war gerecht und gottesfürchtig und wartete auf die Tröstung Israels; und der Heilige Geist** war auf ihm.

***Vom Heiligen Geist ist bereits im zweiten Satz der alttestamentlichen Schöpfungsgeschichte („Genesis") als „ruach elohim" bzw. „Wind" = Geist die Rede. An zahlreichen anderen Stellen der Hebräischen Bibel wird auch wörtlich übersetzt „ruach hakodesch" = Heiliger Geist erwähnt. Die Mehrheit jüdischer Bibelinterpreten lehnt die Gleichsetzung von ruach elohim / hakodesch mit dem Heiligen Geist des Christentums ab. Eine überzeugende Begründung kann ich nicht erkennen, denn die wörtliche Identität ist unbestreitbar. Worte drücken bestimmte Inhalte aus. Sie können manchmal mehrschichtig sein. Doch auch in den jüdischen Texten ist der Geist Gottes, wörtlich verstanden, nur mit Gott selbst gleichzusetzen.*

Ihm war vom Heiligen Geist offenbart worden, er werde den Tod nicht sehen, bevor er nicht den Christus des Herrn gesehen habe. Er kam nun – vom Geist geleitet – in den Tempel.

Und wie die Eltern das Jesuskind hereinführten, um mit ihm zu tun, was nach dem Gesetz üblich ist***, nahm er es in seine Arme, pries Gott und sprach:

Nun entlässt du, Herr, deinen Diener, nach deinem Wort in Frieden:
denn meine Augen haben dein Heil gesehen,
das du im Angesicht aller Völker bereitet hast,
ein *Licht* zur Erleuchtung der Heiden****
und zur Herrlichkeit deines Volkes Israel.

**** Das jüdische Gesetz wurde ursprünglich nicht aufgehoben, sondern strikt befolgt. Das entspricht der Aussage des erwachsenen Jesus, dass er am Gesetz kein Komma ändern wolle. Lukas 16 - 18: „Denkt nicht, ich sei gekommen, um das Gesetz und die Weisungen der Propheten außer Kraft zu setzen. Ich bin nicht gekommen, um sie außer Kraft zu setzen, sondern um sie zu erfüllen und ihnen volle Geltung zu verschaffen. Ich versichere euch: Solange Himmel und Erde bestehen, wird kein i-Punkt und kein Komma im Gesetz gestrichen. Das ganze Gesetz muss erfüllt werden." Wörtlich verstanden wollte Jesus eine Reformation des Judentums, keine neue Religion. Kein Wunder also, dass Papst Johannes XXIII. die Juden so ansprach: „Ich bin Josef, Euer Bruder." Papst Paul VI. pilgerte als erstes Oberhaupt der Katholischen Kirche 1964 ins Heilige Land, um die enge Verflechtung zwischen Christentum und Judentum zu dokumentieren und zu personalisieren. Seinem Beispiel folgten Papst Johannes Paul II. im Heiligen Jahr 2000, Benedikt XVI. 2009 und Papst Franziskus 2014.*

Es überrascht nicht, dass der große Theologe Papst Benedikt XVI. nicht zuletzt deshalb immer wieder auf die Kontinuität des Jüdischen im Christentum hinwies. In unserer eher a- und antitheologischen Zeit achtete man allgemein auch bei ihm weniger auf die Gotteslehre als auf die Weltlichkeit der Kirche und ihrer Geistlichkeit. Das war tagespolitisch nachvollziehbar: Missbrauch in der Kirche. Die echte Auseinandersetzung mit der theologischen Tiefe dieses Papstes steht noch aus.

Das offene Verständnis der Katholischen Kirche des Judentums und zum Judentum wurde vom Zweiten Vatikanischen Konzil 1965 sozusagen amtlich (Erklärung „Nostra Aetate"). Wer die Evangelien aufmerksam offenen Kopfes und Herzens liest, auch diese Weihnachts-Haggadah, kann diese nach knapp zweitausend Jahren vollzogene Kurskorrektur mühelos nachvollziehen.

Weshalb dann die jahrhundertealte Distanz und Feindschaft zum Judentum? Das frühe Christentum schwankte bis ins vierte nachchristliche Jahrhundert, ob es sich als quasi „reformiertes" Judentum oder als neue, eigene Religion verstehen und organisieren solle. Mit der politisch-religiösen Hinwendung von Kaiser Konstantin zum Christentum – er regierte von 306 bis 337 – wurde es zuerst eine politische und dann auch eine religiöse Macht. Wie jede neue Bewegung musste – und hat – sich das Christentum dann von der eigenen Quelle „befreit". Nicht zuletzt aus Gründen der Selbstvergewisserung führt ein solcher Prozess – nicht nur im Christentum – zu Aggressivität und Polemik. Ähnlich auch die Ablösung des frühen Islam von seinen jüdischen und christlichen Ursprüngen. Sie führte von Anfang an dazu, dass Juden im Islam zwar meistens den „Schutz" der Obrigkeit genossen, doch immer Bürger zweiter Klasse blieben und in den frühen Texten, wie dem Koran, kritisiert, korrigiert oder auch beschimpft wurden.

**** *Jesus (von Lukas dem Evangelisten verstanden als Messias) als Licht der Heiden und Juden. Das identische Wortbild für das Zeitalter des Messias finden wir bei Jesaja (2, 3 – 2,5) im Alten Testament: „Er zeige uns seine Wege, / auf seinen Pfaden wollen wir gehen. Denn von Zion kommt die Weisung des Herrn, / aus Jerusalem sein Wort. Er spricht Recht im Streit der Völker, / er weist viele Nationen zurecht. Dann schmieden sie Pflugscharen aus ihren Schwertern / und Winzermesser aus ihren Lanzen. Man zieht nicht mehr das Schwert, Volk gegen Volk, / und übt nicht mehr für den Krieg. Ihr vom Haus Jakob, kommt, / wir wollen unsere Wege gehen im Licht des Herrn."*

Joseph Mohr verfasste 1818 das wohl bekannteste Weihnachtslied, das in der Christnacht gesungen wird:

Stille Nacht! Heilige Nacht!
Alles schläft; einsam wacht
Nur das traute heilige Paar.
Holder Knab' im lockigten Haar,
Schlafe in himmlischer Ruh!
Schlafe in himmlischer Ruh!

Stille Nacht! Heilige Nacht!
Gottes Sohn! O wie lacht
Lieb' aus deinem göttlichen Mund,
Da uns schlägt die rettende Stund'.
Jesus in deiner Geburt!
Jesus in deiner Geburt!

Stille Nacht! Heilige Nacht!
Hirten erst kundgemacht
Durch der Engel Alleluja,
Tönt es laut bei Ferne und Nah:
Jesus der Retter ist da!
Jesus der Retter ist da!

Älteste Person:
Siebente Nuss: Gemeinsam freuen wir uns, dass wir in den Texten, Liedern und Symbolen des Weihnachtsfests viel Neues entdeckt haben, das uns noch weitere Nüsse zu knacken gibt.

Der Lieblingsjünger Jesu (Joh 1,8-12; 14-17) verinnerlicht das Geburtsgeschehen:

Jener war nicht das Licht, sondern er war da, um das Licht zu bezeugen. Das war das wahre Licht, das jeden Menschen erleuchtet – und es kam in die Welt. Er war in der Welt und die Welt wurde durch ihn geschaffen und doch erkannte die Welt ihn nicht.*

**Ähnlich wie der Evangelist das jüdische Gottesverständnis. Vgl. das Gebet „Adon Olam" (Herr der Welt), das erstmals aus dem 13. Jahrhundert n. Chr. dokumentiert ist: Gott sei „ohne Anfang und ohne Ende". Im Klartext: Gott war schon immer da, auch vor der Schöpfung der Welt, und er wird immer sein und dasein. Ähnlich auch der erste der 13 Glaubenssätze des jüdischen Philosophen, Rechtsgelehrten, Arztes und Theologen Maimonides (1138 – 1204).*

Zugleich stellt der Jünger Johannes mit den Worten des Evangelisten Johannes Jesus in die Tradition der alttestamentlich jüdischen Propheten. Wie Jesus „erkannte die Welt" auch sie „nicht". Johannes geht weiter als die Erzählung von den jüdischen Propheten. Eben christlich: Einerseits stellte er Jesus nicht nur in jene Tradition, als einen von mehreren und zugleich nicht vielen. Andererseits als den Einzigen, Einen, den Sohn Gottes, den Erlöser, Christus, Messias.

Und wieder ein Aber: Als „Kinder Gottes" verstand das Judentum seit jeher alle Menschen, als „avinu malkenu" = „Unser Vater, unser König." Der Sprung zum Gebet „Vater unser" ist winzig. Noch ein Aber: Johannes betont die Einzigartigkeit Jesu als Gottes Sohn bzw. Kind, etwas weiter unten nennt er alle Menschen, „die ihn aufnahmen" (und nur die, also nur die Christen) als „Kinder Gottes". So gesehen, ist dieses Christentum, ebenso wie das paulinische, bis 1965, zum Ende des Zweiten Vatikanischen Konzils, ebenso wie das ursprünglich und angeblich nur partikularistische Judentum. Warum? Weil es lange hieß, das Heil könne nur durch und in der Kirche erlangt werden. Vergleichbares hatte nicht einmal das alte, eher partikularistische Judentum von sich behauptet.

Er kam in sein Eigentum und die Seinen nahmen ihn nicht auf. All denen aber, die ihn aufnahmen, denen gab er die Freiheit, Kinder Gottes zu werden, die da glauben an seinen Namen.

Und das Wort wurde Fleisch** und wohnte unter uns und wir haben seine Herrlichkeit geschaut, die Herrlichkeit des Einziggeborenen vom Vater, voller Gnade und Wahrheit. Johannes gibt Zeugnis von ihm und ruft laut: Dieser war es, von dem ich sagte: Der mir nachfolgt, ist vor mir geworden, denn er war eher als ich. Aus seiner Fülle haben wir alle Gnade um Gnade empfangen. Denn das Gesetz wurde durch Mose gegeben, die Gnade und die Wahrheit durch Jesus Christus.

*** Das Wort Gottes wurde eines Menschen (Jesu) Wort, damit Gott zum Menschen und somit Gott und Jesus identisch. Letzteres lehnte das arianische Christentum ab. Seit dem Konzil von Nicäa (321 n. Chr.) unter der Leitung von Kaiser Konstantin galt in der Katholischen Kirche der Arianismus als „Ketzerei".*

„Das Wort wurde Fleisch" bedeutet noch mehr: Jesus, obwohl übermenschlich, wurde Mensch wie jeder Mensch. Da bereits alttestamentlich, jüdisch, jeder Mensch „Gottes Ebenbild" entspricht, ist Gott in jedem Menschen. Ob der Mensch Gott bzw. das Göttliche in sich erkennt, steht auf einem anderen Blatt. Eher nicht, denn, so der Jünger Johannes mit den Worten des Evangelisten Johannes: „... doch erkannte die Welt ihn nicht." Trost für die Gläubigen aller Zeiten. Gott im Besonderen und in einem selbst wird seit jeher meistens verkannt und eben nicht erkannt. Bestätigung für Nichtgläubige: „Warum sollen wir anders als unsere Vorfahren sein? Denen ist durch ihren Unglauben auch nichts passiert." Wer hat Recht? Wer weiß es? Wir begegnen wieder und wieder dem Ur-Mysterium des göttlichen und damit auch des menschlichen Seins und Daseins, dem Glauben und Unglauben. Im Christentum ebenso wie im Judentum. Wer glaubt, gewinnt, meinte der französisch-katholische Geistesgigant, Philosoph, Theologe, Mathematiker, Physiker und Literat Blaise Pascal (1623 – 1662).

Die Christen sollen weiter besten Gewissens Christen bleiben, wie die Juden Juden. Christen sollen erst recht nicht durch diese Weihnachts-Haggadah Juden werden oder Juden Christen damit oder anders judaisieren. Beide sollten aber beidseits von- und übereinander wissen. Dann verstehen sie einander auch besser – und sich selbst.

„Ihr sagt also, daß wir unfähig sind zu erkennen, ob es einen Gott giebt. Indessen es ist gewiß, daß Gott ist oder daß er nicht ist, es giebt kein Drittes. Aber nach welcher Seite werden wir uns neigen? Die Vernunft, sagt ihr, kann aber nichts entscheiden. Es ist ein unendliches Chaos, das zwischen uns liegt und wir spielen hier ein Spiel in dieser unendlichen Entfernung von einander, wo Kopf oder Wappen fallen wird. Was wollt ihr wetten? Nach der Vernunft könnt ihr weder das eine noch das andre behaupten; nach der Vernunft könnt ihr keins von beiden leugnen. So werfet denn nicht denen Irrthum vor, die eine Wahl getroffen, denn ihr wißt nicht, ob sie Unrecht haben, und ob sie schlecht gewählt. [...]

[E]s muß gewettet werden, das ist nicht freiwillig, ihr seid einmal im Spiel und nicht

wetten, daß Gott ist, heißt wetten, daß er nicht ist. Was wollt ihr also wählen? […] Ihr habt zwei Dinge zu verlieren, die Wahrheit und das Glück und zwei Dinge zu gewinnen, eure Vernunft und euern Willen, eure Erkenntniß und eure Seligkeit, und zwei Dinge hat eure Natur zu fliehen, den Irrthum und das Elend. Wette denn, daß er ist, ohne dich lange zu besinnen, deine Vernunft wird nicht mehr verletzt, wenn du das eine als wenn du das andre wählst, weil nun doch durchaus gewählt werden muß. Hiemit ist ein Punkt erledigt. Aber eure Seligkeit? Wir wollen Gewinn und Verlust abwägen, setze du aufs Glauben, wenn du gewinnst, gewinnst du alles, wenn du verlierst, verlierst du nichts. Glaube also, wenn du kannst."

(Blaise Pascal, Die „Pascalsche Wette", in: Derselbe, Gedanken über die Religion und einige andere Gegenstände, Berlin 1840, S. 246f.)

Das folgende Lied entspricht einem Liedtext der *Pessach Haggadah* („Chad Gadja“= „Ein Lämmchen“) von der Absicht her, den Kindern der Familienfeier nach ernsten Bibeltexten Spaß beim Singen dieses Textes zu machen.
Nach der Melodie eines bekannten Liedes zu singen:

Wer will fleißige Kinder seh‘n?
Der muss in die Bastelstube geh‘n!
Male fein, schneide fein:
Das Christgeschenk wird bald fertig sein!

Wer will brave Kinder seh‘n?
Der muss in die Singstube geh‘n!
Singe fein, übe fein:
Das Lied wird bald schon gesungen sein!

Und da wir glücklicherweise in den nächsten Jahren noch weitere Nüsse zu knacken haben, singen wir nach dem Text von Wilhelm Hey und einer Melodie von Friedrich Silcher (1842):

Alle Jahre wieder
Kommt das Christuskind
Auf die Erde nieder,
Wo wir Menschen sind;

Kehrt mit seinem Segen
Ein in jedes Haus,
Geht auf allen Wegen
Mit uns ein und aus;

Ist auch mir zur Seite
Still und unerkannt,
Dass es treu mich leite
An der lieben Hand.

Vaterunser

Vater unser im Himmel,
geheiligt werde dein Name.
Dein Reich komme.
Dein Wille geschehe,
wie im Himmel so auf Erden.
Unser tägliches Brot gib uns heute.
Und vergib uns unsere Schuld,
wie auch wir vergeben unsern Schuldigern.
Und führe uns nicht in Versuchung,
sondern erlöse uns von dem Bösen.
Denn dein ist das Reich und die Kraft
und die Herrlichkeit in Ewigkeit.
Amen.*

**Unglaublich? Nein! Das Vaterunser ist ursprünglich ein jüdisches Gebet. Gesprochen vom Juden Jesus zu Juden im Land der Juden, am oder oberhalb des Sees Genezareth. (Mt 5,1–7,29 mit sieben Bitten) In Lk 11, 1 - 4 finden wir fünf Bitten.) Der Glaube von Christen und Juden an denselben (!) Gott vereint beide – und oben, neben vielem Anderen, nicht zuletzt das Vaterunser. Woraus wir schließen: Auch und gerade religiös ist die fast zweitausend Jahre lange christlich-jüdische bzw. jüdisch-christliche Feindschaft nicht nur moralisch-menschlich, sondern auch religiös, inhaltlich nicht wirklich vertretbar. Geschichtlich verbindet Jesus die Christen und Juden. Heilsgeschichtlich unterscheiden sie sich bezüglich Jesus als Christus, also als Erlöser bzw. Messias. Der jüdische Religionsphilosoph Martin Buber hat dazu einen wunderbaren Gedanken formuliert: „Ich glaube mit Jesus, aber nicht an Jesus" als den Erlöser bzw. Messias. Schalom Ben Chorin hat ein wunderbares Jesus-Buch aus liberaljüdischer Sicht geschrieben. Der Titel: „Bruder Jesus". Schöner und richtiger kann man es nicht ausdrücken.*

Im Koran wird Jesus als höchst bedeutender Mensch in der Tradition der jüdischen Propheten dargestellt, aber nicht als Erlöser. Muss man sich dafür die Köpfe einschlagen? Wahrlich nicht. Glaubensfreiheit bedeutet christlich-jüdisch-muslimisch: Selbstverständlich können, dürfen und müssen Christen als Christen an Jesus den Erlöser glauben, wenn sie ein christliches Leben führen möchten. Es steht aber weder Juden noch Muslimen oder Anderen zu, Christen dieses Recht abzustreiten oder mit ihnen darüber zu streiten.

Zum Text selber sei ergänzt, dass Jesus im Vaterunser das klassische Bild von Gott und Mensch übernimmt, das wir aus der Hebräi-

schen Bibel kennen, nämlich: Gott ist der Vater, unser Vater, und wir sind Gotteskinder.
So gesehen, ist jeder als Frau geborene Mensch „Tochter Gottes“.
So gesehen, sind wir alle, alle Menschen, „Kinder Gottes“.
Jesus wurde bekanntlich gefragt, ob er Gottes Sohn sei. Seine Antwort „du hast gesagt“ entspricht daher genau diesem Verständnis – und trennt ebenfalls nicht zwischen Christen und Juden.
Nachdem das Vaterunser bereits im Frühchristentum so zentral geworden war, legte die jüdische Seite ihrerseits sozusagen nach. Warum? Weil bereits um 100 n. Chr. ein heftiger, gewaltfreier (!) Wettbewerb zwischen Judentum und Christentum entbrannt war. Einfach und zusammenfassend formuliert stritten beide Seiten um die Frage: „Wer bietet das Original – wir oder die?“
So entstand das zentrale jüdische Gebet „Avinu, malkejnu“ = „Unser Vater bzw. Vater unser, unser König.“ Die talmudische Überlieferung nennt den sehr bedeutenden Rabbi Akiva (50 bis 135. N. Chr.) als Urheber des „Avinu malkejnu“ (Talmud, Traktat Taanit, 25b).
Auch im jüdischen Heiligungsgebet „Kadisch“ findet man ähnliche Gedanken und Abschnitte wie im Vaterunser. Es entstand ebenfalls um 100. n. Chr.
Ebenfalls ähnliche Gedanken und Abschnitte wie im Vaterunser bietet das jüdische „18er Gebet“ („Schmone Esre“). Es entstand um 200 n. Chr.
Womit wir am Ende der Weihnachts-Hagadah, wie am Anfang feststellen: Man kann bestens Gewissens ein guter, gläubiger Christ sein und dabei bekennend das jüdische Erbe kennen und benennen. Und umgekehrt: Man kann bestens Gewissens ein guter, gläubiger Jude sein und dabei bekennend das Gemeinsame mit dem Christentum kennen und benennen.
Frohe Weihnachten!

Verfasser der Texte:
Henning Schroedter-Albers, geboren am 30.1.1943 in Beuthen a.d. Oder/Niederschlesien. 1962 bis 1968 Studium der Germanistik, Geschichte und Sprachpsychologie in Bonn. 1969 Kibbutzaufenthalt in Israel, ab Mai 1970 bei der Deutschen Botschaft in Tel Aviv, Kulturabteilung, Seminare und Sprachunterricht. Ab 1974 bis 2008 im Goethe-Institut München e.V. tätig mit Dienstaufenthalten von 15 Jahren in Indien, Venezuela und Indonesien, abwechselnd als Institutsleiter, Sprachabteilungsleiter. In Rente hauptsächlich ehrenamtlich tätig u.a. bei der Jüdischen Kultusgemeinde München, bei der Moosacher Stadtbibliothek (Sprachcafé für Migranten) und bei der Internationalen Jugendbibliothek (Schloss Blutenburg, München) im Verein der Freunde und Förderer.

Neueste Publikation: *Von Helden, Mördern, Heiligen, Wüstlingen und Menschen wie du und ich. Aus 2000 Jahren Vorfahrengeschichte*, 2020 bei e-publi.

Verfasser der Kommentare:
Professor Dr. Michael Wolffsohn ist einer der führenden Experten für die Analyse internationaler Politik und nicht zuletzt die Beziehungen zwischen Deutschen und Juden auf staatlicher, politischer, wirtschaftlicher und religiöser Ebene. 1947 in Tel Aviv geboren übersiedelte er 1954 mit seinen Eltern nach West-Berlin. Nach Wehrdienst in Israel und Studium in Berlin, Tel Aviv und New York lehrte er von 1981 bis 2012 als Professor für Neuere Geschichte an der Universität der Bundeswehr in München.

Der Historiker und Publizist hat zahlreiche Bücher, Aufsätze und Fachartikel verfasst und meldet sich regelmäßig zu wichtigen politischen, historischen und religiösen Fragestellungen zu Wort. Michael Wolffsohn wurde mit unzähligen Auszeichnungen, Ehrungen und Preisen bedacht, allen voran dem Bundesverdienstkreuz 1988.

Seine neueste Publikation: *Ewige Schuld?: 75 Jahre deutsch-jüdisch-israelische Beziehungen.* München: Langen Müller 2023
Eine andere jüdische Weltgeschichte. Freiburg im Breisgau: Herder 2022.
Wir waren Glückskinder - trotz allem. Eine deutschjüdische Familiengeschichte. München: dtv. 2. Auflage 2021.

Musikalische Begleitung:
Monika Drasch erhielt ihre Ausbildung am musischen Gymnasium Niederalteich und an der Musikhochschule München. Seit 1991 ist sie als selbstständige Musikerin mit verschiedenen Instrumenten (auch ihrer bekannten Grünen Geige) und Sängerin auf den unterschiedlichsten Bühnen im deutschsprachigen Raum unterwegs. Für ihre zahlreichen Bühnenkonzepte wurde sie mit dem Innovationspreis Volkskultur der Stadt München ausgezeichnet. *www.monikadrasch.de*

Martin Danes ist schon seit seiner Kindheit als Solist des Tölzer Knabenchores auf den Bühnen der Welt zuhause. Er ist Träger des Tassilopreises der Süddeutschen Zeitung für seine Verdienste für das gemeinschaftliche Singen. Als Dozent für klassischen Gesang und Jazz-Gesang unterrichtet er an der Musikhochschule in München. *www.martin-danes.de*

Illustrator:
Markus Lefrançois studierte Visuelle Kommunikation an der Kunsthochschule Kassel mit den Schwerpunkten Illustration, Comic und Grafikdesign. Seit 2004 arbeitet er freiberuflich als Gestalter. Von 2007 bis 2019 war er Dozent an der Kunsthochschule Kassel und von 2009 bis 2016 Dozent an der Europäischen Kunstakademie Trier. Seit 2021 ist er Jury-Mitglied beim renommierten Oldenburger Kinder- und Jugendbuchpreis. *www.herrlefrancois.de*

Vorlesezeit
Wer liebt Weihnachten als Fest mit Freunden und Zeit für die Familie nicht? Und wer beschäftigt sich noch mit dem originären Bedeutungsgehalt, der Vorbereitung und Feier von Jesu Geburt? In der jüdischen Tradition gibt es die *Pessach Haggadah* zum Pessach-Fest: ein Lese- und Liederbuch, das die Bedeutung des Festes für den Gebrauch in der Familie unmittelbar erfahrbar macht. Henning Schroedter Albers und Prof. Dr. Michael Wolffsohn legen gemeinsam eine erste Weihnachts-Haggadah vor, die zeigt, wie jüdische und christliche Tradition auf literarische Weise am Fest der Familie und Nächstenliebe zusammenwirken können. *Prof. Dr. Michael Wolffsohn* liest aus der neuen *Weihnachts-Haggadah*: *https://youtu.be/XGDUt9sbmPY*

»Eine Nation, die ihren inneren Frieden nicht geschlossen hat, ist auch nach außen nicht in der Lage, Frieden zu stiften.«

Vor 75 Jahren, am 14. Mai 1948, erfolgte die Proklamation des Staates Israel. Aus Anlass dieses Jahrestages legt Michael Wolffsohn eine kritische und komplett überarbeitete Neufassung seines Grundsatzwerks »Ewige Schuld?« vor. Der Optimismus, der 1988 bei der Erstausgabe vorherrschte, ist einer ernüchternden Betrachtung gewichen. Von der »Wiedergutmachung« bis zur trügerischen Normalität zieht Wolffsohn eine aktuelle, kritische Bilanz der deutsch-jüdisch-israelischen Beziehungen. Als Deutscher und Jude beiden Seiten verbunden, plädiert der Autor für einen entkrampften Umgang mit der Geschichte: Weder Verdrängen noch »routinierte« Sühnerituale helfen, sondern nur die Einsicht in die Besonderheit einer Vergangenheit, die beide Seiten verbindet – im Guten wie im Schlechten, aber ohne die üblichen Worthülsen, die keiner mehr ernst nimmt.
Mit einem Essay von Ahmad Mansour.

Michael Wolffsohn
Ewige Schuld
368 Seiten, 13,5 x 21,5 cm,
Breitklappenbroschur
ISBN: 978-3-7844-3651-7
24,00 EUR* D / 24,70 EUR* A / 32,90 CHF* (UVP)

LANGENMÜLLER

Eine europäische Stimme, ein Vermittler zwischen Generationen

Michael Wolffsohn
Wir waren Glückskinder – trotz allem
EUR 10,95 € (D)
240 Seiten | Paperback
Lesealter ab 11 Jahre
ISBN: 978-3-423-43884-1

Kostenlose Unterrichts-materialien unter
www.dtv.de/lehrer

Michael Wolffsohn
Deutschjüdische Glückskinder
EUR 12,90 € (D)
440 Seiten | Paperback
ISBN: 978-3-423-28126-3

Michael Wolffsohn
Zivilcourage
EUR 7,90 € (D)
96 Seiten | Hardcover
ISBN: 978-3-423-34885-0

Michael Wolffsohn
Friedenskanzler?
EUR 18,00 € (D)
176 Seiten | Hardcover
ISBN: 978-3-423-28992-4

dtv

Biographische Spurensuche in die Dreißiger Jahre

Auf der Suche nach den Hintergründen der Ermordung seines Onkels beim „Röhm-Putsch" erfährt der Autor anhand einer ihm erhaltenen Briefkorrespondenz von einer tragischen Liebesgeschichte in einem Familienverband und einem Gesellschaftskreis, die von den krassen geistigen Widersprüchen der Dreißiger Jahre geprägt sind.

Henning Schroedter-Albers
Wenn du denkst, dass ich alles gutheiße ...
epubli, 2016
280 Seiten, Taschenbuch
10,00 Euro
ISBN 978-3-7418-0341-3

Blütenlesen bekannter Kinder- und Jugendbuchautoren

Schön sind Wörter, die einfach sind
Gedichte von Paul Maar

Du darfst den Kuchen auch versuchen
Josef Guggenmos – vierzehn Gedichte

Ich bin und will kein andrer sein
Max Kruse – Gedichte und Auszug aus seinen Werken

Schöpfung bewahren
Laudato si'
Illustrator*innen interpretieren Werte

Impressum

WEIHNACHTS-HAGGADAH
Lese- und Liederbuch für die Weihnachtszeit
–
Literarische Blütenlesen bekannter Kinder- und Jugendbuchautoren

Herausgegeben von Dr. Claudia Maria Pecher und Maximilian Mihatsch im Auftrag der Deutschen Akademie für Kinder- und Jugendliteratur e.V., www.akademie-kjl.de

Reihenverantwortliche: Dr. Claudia Maria Pecher

Konzeption und Textzusammenstellung:
Verfasser der verbindenden Kurztexte und freier Texte:
Henning Schroedter-Albers

Kommentare: Prof. Dr. Michael Wolffsohn

Bibeltexte: aus dem griechischen Original übersetzt von Maximilian Mihatsch

Musik: Monika Drasch, Martin Danes

Illustrationen: Markus Lefrançois

1. Auflage 2023

Erschienen im Verlag Sankt Michaelsbund, München
www.michaelsbund.de

Gestaltung und Satz:
Christine Paxmann text • konzept • graphik, München

Druck und Bindung:
Allgäu Druck & Medien, Germaringen, Printed in Germany

ISBN 978-3-96411-008-4

Wir danken Gudrun Brendel-Fischer, Integrationsbeauftragte der Bayerischen Staatsregierung, Manuel Herder und Martin Momm, Verlag Herder GmbH, Stephan Joß und Barbara Laugwitz, dtv Verlagsgesellschaft mbH & Co. KG, sowie Michael Fleissner, Langen Müller Verlag GmbH.